おつまみ便利帖

【濱《はま》守《もり》球《たま》維《い》】

幻冬舎

【目次】

ビール

ワイン

日本酒

ウイスキー

締め・次の日に

一言メモ

【この本の使い方】

・大さじ1は15㎖、小さじ1は5㎖、1カップは200㎖です。電子レンジの加熱時間は600Wを基準にしています。

・表示の火加減、加熱時間は目安で、火加減の表記がない場合は中火です。料理の状態を見て、お使いの調理器具に合わせて加減してください。

・代替食材のこと。季節、材料が変わってもアレンジできるよう明記しました。入手しやすい旬の材料に替えるときのヒントになります。

・この本のレシピは、ビール、ワイン、日本酒、ウイスキーに合わせて考案しています。お酒とおつまみをペアリングすれば、互いのおいしさが引き立ちます。好みのペアリングを見つけるのも楽しい。

・各章にメモページを設けました。便利なメモ書きとして自由にお使いください。

かつおと昆布だしの作り方

・だし汁は指定がない限り、かつお節、昆布でとった『かつおと昆布だし』を使います。以下の作り方を参照し、1～2ℓを作りおくと便利。清潔な保存容器に入れて、冷蔵庫で約3日保存可能。

・1ℓの水に5㎝角の昆布(真昆布か、利尻昆布がおすすめ)を入れ、ごく弱火にかけて沸騰手前で取り出す。沸騰したら、かつお節10gを入れて火を止める。かつお節が鍋底に沈んだらこす。

【調味料のこと】

参考までによく使うものを紹介します。料理の味の助けになる調味料は、気に入ったものを使うというスタンスでいいです。

【しょうゆ】

山口の赤間醸造の濃口しょうゆ「生あげ」は、深い香りとコク、まろ味が好み。

【白しょうゆ】

山口の赤間醸造の「白菊」は、淡色のしょうゆで、うま味とコクの調和が秀逸。素材の味はもちろん、色を引き立てる。

【酢】

京都の斉藤造酢店の「玉姫酢」は、コクとまろやかさがあり、飲んでも美味。これがあると味が決まる。イタリアのホワイトバルサミコ酢も使う。

【塩／砂糖／酒】

海塩／粗塩などの天然の塩
きび糖／てんさい糖
日本酒／紹興酒／ワイン

【柑橘】

皮ごと使える国産レモンや柚子、すだち、かぼす。季節の柑橘は風味付けに役立つ。

【ぽん酢】

京都醸造元齋《いつき》造酢店の「花菱味ぽん酢」は、豊かな柑橘の香りに惚れて10年間愛用している。


【昆布】

真昆布や利尻昆布を、地元の北海道から取り寄せている。


【削り節】

力強いだしの「かつお」と、薄色でさっぱりとしただしの「めじまぐろ」を使い分ける。専門店で入手し、弱火でからいりして使うことも。


【スパイス】

スパイスはホールとパウダーを揃え、こしょうはひきたてを使う。粉山椒や花椒パウダー、実山椒なども積極的に使い、味に奥行きを与える。


【オリーブオイル】

エキストラ・バージンを使う。風味豊かなオイルは、味を引き上げてくれる。気に入った香りや味のものを見つけて。


【油】

入手しやすい米油や菜種油でOK。ふだん綿実油や揚げ油にひまわり油も使う。

【メモ】

――※メモ書きにお使いください――

ビール

カリフラワーポテサラ

定番唐揚げ

カリフラワーポテサラ

【代替食材】
カリフラワー：菜の花／ブロッコリー

【材料（2人分）】
・じゃがいも（中）…2個
・カリフラワー（小房に分ける）…1/2株分
A
　粒マスタード…大さじ1/2
　米酢…大さじ1
　塩…小さじ2/3

【作り方】

〈1〉じゃがいもは皮ごと、蒸気の上がった蒸し器で30分、中強火で蒸す。そこにカリフラワーも入れてさらに10分蒸す。

〈2〉じゃがいもが熱いうちに皮をむき、ボウルに入れて塩少々（分量外）をふって粗めにつぶす。カリフラワーを加え、軽くつぶして合わせる。

〈3〉2のボウルにAを加えてさっくりとまぜる。

定番唐揚げ

【材料（2人分）】
・鶏もも肉…1枚（300g）
・ビール…1缶（135mℓ）
下味
　塩…小さじ1/2
　黒こしょう…小さじ1/3
　おろししょうが汁…1/2片分
　おろししょうゆ漬けにんにく…1片分
　＊おろしたにんにくに、しょうゆを数滴加えたものでも
　花椒パウダー…少々
唐揚げ粉
　片栗粉…大さじ3
　上新粉…大さじ1
・揚げ油…適量

【作り方】

〈1〉鶏肉は余分な脂肪や筋を除き、5cm大に切ってビールに30分つけておく。鶏肉を取り出し、ペーパータオルで水けをふく。

〈2〉下味の材料を右から順に1の鶏肉にもみ込み、冷蔵庫で30分以上おく。

〈3〉2に唐揚げ粉を薄くまぶし、余分な粉をしっかりとはたく。中温（180℃）の揚げ油で、揚げ音が軽くなるまでからりと揚げる。

クレソン塩昆布

【材料(2人分)】

・クレソン…2束(100g)
・ラディッシュ…3個
A
塩…少々
塩昆布…5g
オリーブオイル…大さじ1/2
レモン果汁…1/2個分
白いりごま…小さじ2

【作り方】

〈1〉クレソンは軸のかたい部分を切り落とし、ざるにのせて熱湯をかけ、冷水に取る。水けをしぼり3〜4cm長さのざく切りに。ラディッシュは薄切りにする。

〈2〉ボウルに1のクレソン、ラディッシュを入れてさっとまぜ、Aの材料を右から順に加えてあえる。

【代替食材】

クレソン:菜の花/セロリ
ラディッシュ:大根の千切り

水茄子ミント浅漬け

【代替食材】

スペアミント：ディル／フェンネルの葉

【材料（2人分）】

・水茄子…4個
・スペアミント…1パック
・塩…大さじ2½
・昆布（5㎝角）…1枚
・赤唐辛子…1本
・レモン果汁…¼個分
・オリーブオイル、
スペアミントの葉（飾り用）
…各適量

【作り方】

〈1〉鍋に水500㎖（分量外）を沸かして塩を入れて火を止め、スペアミントを入れてそのまま粗熱を取る。

〈2〉水茄子はへたを取り、皮をピーラーで縦にむく。

〈3〉ポリ袋に**1**を汁ごと、**2**、昆布、赤唐辛子を入れ、空気を抜いて袋の口を結び、冷蔵庫で半日漬ける。

〈4〉**3**を手でさっくりと割って器に盛り、レモン果汁、オリーブオイルを回しかけてスペアミントをあしらう。

枝豆、きゅうり、ザーサイ炒め

【材料(2人分)】

・枝豆…正味100g
＊さやつきで約200g
・きゅうり…1本
・ザーサイ(みじん切り)…20g
・鶏ひき肉…100g
・米油(または菜種油)…大さじ1
・にんにく(つぶす)…1片分
・赤唐辛子(種を取り、輪切り)…1本分
・しょうが(みじん切り)…1/2片分
・塩…小さじ1/2
A ┌しょうゆ…大さじ1/2
　└紹興酒…大さじ1 1/2
・花椒パウダー…小さじ1/2
・サンチュ、えごまの葉、スペアミント、青じそなど…適宜

【作り方】

〈1〉枝豆はかためにゆで、さやから出す。きゅうりは1cmの角切りにし、塩少々(分量外)をふり、水けをよくきる。

〈2〉フライパンに米油、にんにく、赤唐辛子を入れて弱火にかけ、香りが立ったら、しょうが、ひき肉を入れてほぐしながら炒める。鶏肉の色が変わったら、塩をふり、さっと炒める。

〈3〉Aを加えて強火にし、アルコール分を飛ばす。ザーサイ、**1**を加えて全体に火をとおすように炒め、仕上げに花椒パウダーをふる。好みの葉野菜で巻いたりして食べる。

【代替食材】

枝豆：じゃがいも
きゅうり：ピーマン

ビール

とうもろこしときゅうり、枝豆のサラダ

【代替食材】
とうもろこしと枝豆：大豆／ひよこ豆

【材料（2人分）】
・とうもろこし…1本
・枝豆…正味100g
＊さやつきで約200g
・きゅうり…1本
A［マヨネーズ…大さじ1½
ラー油…小さじ1
ライム果汁…½個分
・香菜（みじん切り）…大さじ1

【作り方】

〈1〉とうもろこしはゆで、実を包丁でそぎ落とす。枝豆はゆで、さやから出す。きゅうりは皮をむき、1cmの角切りにする。

〈2〉ボウルにAを入れてまぜ、1と香菜を入れてさっくりとあえる。

実山椒の鶏つくね

【材料（10個分）】
・鶏ひき肉…200g
・やげん軟骨（みじん切り）…好みで100g
・塩…小さじ1/2
・米油（または菜種油）…大さじ1

A
実山椒…大さじ1/2
とき卵…1/2個分
酒…小さじ2
しょうゆ…小さじ1/2

たれ
柚子胡椒…小さじ1/2
白ねりごま…大さじ1
ぽん酢…大さじ2

・みょうが（縦に千切り）…1個分

【作り方】

〈1〉ボウルにひき肉、軟骨、塩を入れ、手でよく練る。粘りが出たらAを加えて練る。ラップをして冷蔵庫に1時間ほど入れ、10等分にして平たく丸める。

〈2〉フライパンに米油をひいて1をならべ、ふたをして中弱火で焼く。裏面も焼いて中まで火をとおす。

〈3〉器に盛り、合わせたたれをかけて、みょうがをのせる。

【代替食材】
実山椒‥カリカリ梅
みょうが‥青じそ

ビール

スパイシー鶏シガー
スティック巻き

【材料（6本分）】

・鶏ひき肉…200g
・塩…小さじ1
・香菜（みじん切り）
…大さじ1

A
砂糖、コリアンダーパウダー…各小さじ1/2
カイエンヌペッパー、クミンパウダー、シナモンパウダー、クローブパウダー
…各少々
おろしにんにく、おろししょうが…各1/2片分
オリーブオイル
…小さじ1

・春巻きの皮…6枚
・水とき小麦粉…適量
＊のり用。小麦粉と水を1：1の割合でまぜたもの
・揚げ油…適量
・パプリカパウダー…適宜

【作り方】

〈1〉ボウルにひき肉を入れて塩半量を加え、手で軽く練る。残りの塩、Aを加えてよく練り、香菜を加えて菜箸でさっくりとまぜて6等分にする。

〈2〉春巻きの皮は角を手前におく。中央より手前に1を横に細長くのせ、左右をたたんで転がすように皮を巻き、水とき小麦粉でとめる。

〈3〉中温（180℃）に熱した揚げ油に2を入れ、浮き上がるまで揚げる。器に盛り、好みでパプリカパウダーをふる。

【代替食材】
鶏ひき肉：ラムひき肉／合いびき肉
香菜：ミント

セロリ水餃子

【代替食材】
鶏ひき肉：海老

【材料(20個分)】

水餃子のたね
・セロリの茎と葉(みじん切り)…1本分
・鶏ひき肉…100g
・白菜(みじん切り)…50g
・しょうが(みじん切り)…½片分
・塩…小さじ1
・ごま油…大さじ½
・紹興酒…大さじ1
・黒こしょう…小さじ½

・餃子の皮…20枚
・ごま油…小さじ1

水餃子のたれ
・ヤンニョム(市販品)…大さじ1
・ココナッツファイン…小さじ1
・黒酢…大さじ½

【作り方】

〈1〉セロリ、白菜は、塩少々(分量外)をふってしばらくおき、水けをきる。

〈2〉ボウルにひき肉、水大さじ1(分量外)を入れて手で練り、塩、ごま油、紹興酒、黒こしょうを加えてしっかりと練る。1としょうがを加え、菜箸でさっくりとまぜて20等分する。

〈3〉2を餃子の皮にのせ、皮の縁に水をつけ、半分に折ってとじ、両端を少し重ねて水をつけてとめる。

〈4〉ごま油を入れた湯でゆで、たれの材料を合わせて水餃子につけて食べる。

かきフライ

【材料(6個分)】
・かき…6個
・とき卵…1個分
・小麦粉、パン粉(手でもみ、細かくする)…各適量
・揚げ油…適量

タルタルソース
・らっきょう漬け(みじん切り)…3個分
・みょうが(みじん切り)…1個分
・パセリ(みじん切り)…1枝分
・レモン果汁…1/3個分
・マヨネーズ…大さじ2
・こしょう…少々

【作り方】

〈1〉かきは塩水で洗い、水けをよくきる。

〈2〉タルタルソースを作る。ボウルに水けをしぼったらっきょう漬け、みょうが、パセリを入れ、レモン果汁、マヨネーズ、こしょうを加えてまぜる。

〈3〉1の表面に小麦粉を茶こしでふり、とき卵、パン粉の順につける。

〈4〉中温(180℃)に熱した揚げ油に3を入れ、きつね色になるまで揚げる。2のタルタルソースをつけて食べる。

あじフライ

【材料(4枚分)】
・あじ(三枚おろし)…2尾分
・塩、こしょう…各少々
・とき卵…1個分
・小麦粉、パン粉(手でもみ、細かくする)…各適量
・揚げ油…適量

タルタルソース
柴漬け(みじん切り)…大さじ2
とんぶり…大さじ1
青じそ(みじん切り)…大さじ1
マヨネーズ…大さじ4

【作り方】

〈1〉あじは表面に塩、こしょうをふり、小麦粉を茶こしでふり、とき卵、パン粉の順につける。

〈2〉小さめのボウルにタルタルソースの材料を入れてまぜる。

〈3〉中温(180℃)に熱した揚げ油に**1**を入れ、油の音が軽くなり、きつね色になるまで揚げる。**2**のタルタルソースをつけて食べる。

牛れんこん

【材料(2人分)】
・れんこん…1節(200g)
・牛こま切れ肉(細切り)…100g
・米油(または菜種油)…小さじ1
・砂糖…小さじ1
・しょうゆ…大さじ1½
・酒…大さじ2
A ┌実山椒…小さじ1
　└米酢…小さじ1
白いりごま…少々

【作り方】

〈1〉れんこんは薄切りにする。水にさっとさらし、水けをよくきる。

〈2〉フライパンに米油をひいて弱火で熱し、牛肉を入れて炒める。肉の色が変わったら、砂糖、しょうゆ、酒、1の順に加えて炒める。

〈3〉れんこんが透きとおってきたら、Aを加え、汁けが飛ぶまで炒める。


【代替食材】

れんこん…ごぼう

バジル肉じゃが

【材料(2〜3人分)】

・バジルの葉…3枝分
・牛こま切れ肉…150g
・じゃがいも(小)…6個
・玉ねぎ…1個
・トマト(大)…1個
・にんにく(つぶす)…1片分

A
砂糖…小さじ2
しょうゆ…大さじ2
酒…1/4カップ

【作り方】

〈1〉じゃがいもは皮をむき、水にさっとさらし、水けをきる。玉ねぎはくし形切りに。トマトは大きめのざく切りにする。

〈2〉ふた付きの厚手鍋にバジル以外の材料とA、水1/2カップ(分量外)を入れる。ペーパータオルをのせ、ふたをして火にかける。途中、アクを吸い取ったペーパータオルをきれいなものに替え、弱火にして煮る。

〈3〉じゃがいもがやわらかくなったら火を止め、バジル半量を入れ、ふたをして蒸らす。器に盛り、残りのバジルをちらす。

【代替食材】

じゃがいも：れんこん

ザリジ（豚の唐揚げ）

【材料（2人分）】
・豚ヒレ肉…200g
・塩…少々
A
紹興酒…大さじ1
オイスターソース…大さじ1/2
しょうゆ…大さじ1
おろしにんにく…1片分
しょうが汁…1片分
B
カイエンスペッパー…小さじ1/4
五香粉…小さじ1/2
ガラムマサラ…小さじ1/2
米油（または菜種油）…少々
・とき卵…1/3個分
・小麦粉…適量
・揚げ油…適量
・香菜…5本

【作り方】

〈1〉豚肉はフォークの先で数カ所刺し、めん棒で1.5cmほどの厚さにたたく。棒状に切り、全体に塩をふり15分おく。

〈2〉肉の表面の水けをペーパータオルでふき、ボウルに合わせたAとからめる。Bを加えてもみ込み、冷蔵庫で1時間ほど休ませる。

〈3〉2のボウルにとき卵、小麦粉を加えてからめ、中温（180℃）に熱した揚げ油でからりと揚げる。器に盛り、香菜を添える。

うどと鶏のバター焼き

【材料（2人分）】

・うど…8cm
・鶏ささみ…2本
・塩、片栗粉…各少々
・米油（または菜種油）…大さじ½
A
バター…80g
塩…小さじ½
しょうゆ…小さじ1
実山椒…大さじ½

【作り方】

〈1〉うどは乱切りにする。酢水（分量外）にさらしてアク抜きし、水けをよくきる。

〈2〉ささみはそぎ切りにする。全体に塩をふり、片栗粉を薄くはたく。

〈3〉フライパンに米油をひいて熱し、2を入れて両面をさっと焼く。1を加えて炒め、Aを加えて軽く炒め合わせる。

【代替食材】

うど：長芋／ゆり根／筍／れんこん
実山椒：梅／ドライトマト

【メモ】

――※メモ書きにお使いください――

ワイン

セロリサラダ

【代替食材】
セロリ：プンタレッラ／チコリ

【材料（2人分）】
・セロリの茎…1本分
・オリーブオイル…小さじ1
・塩…少々
ドレッシング
オリーブオイル…大さじ2
アンチョビ…小さじ1
レモン果汁…小さじ2

【作り方】

〈1〉セロリは6cm長さに切り、縦に千切りにする。氷水にさらし、カールしたら、ペーパータオルで水けをよくふく。

〈2〉ボウルにドレッシングの材料を入れ、泡立て器で攪拌する。

〈3〉別のボウルに1、オリーブオイル、塩を入れてまぜ、2を加えてさっとあえる。

クレソン、マッシュルームサラダ

【代替食材】
クレソン：セルバチコ／エンダイブ

【材料（2人分）】
・クレソン…1束（50g）
・マッシュルーム…2～3個
・オリーブオイル…小さじ2
・トリュフソルト（または粗塩）…小さじ½
・レモン果汁…⅓個分

【作り方】

〈1〉クレソンは細い枝を摘み、長ければ半分にちぎる。太い茎は除く。マッシュルームは汚れがあればふき、薄切りにする。

〈2〉ボウルに1を入れ、オリーブオイル、トリュフソルト、レモン果汁の順に加え、手早くあえる。

豆もやしミント

【代替食材】
豆もやし：ピーナッツもやし

【材料(2人分)】
・豆もやし…1パック
・鶏がらスープのもと(粉末)…少々
・塩…小さじ1
A
青唐辛子(みじん切り)…少々
レモン果汁…1/2個分
オリーブオイル…小さじ2
スペアミント…1/3パック

【作り方】

〈1〉豆もやしはひげ根を取って水にさっとさらし、水けをきる。

〈2〉鍋に湯を沸かし、塩少々(分量外)、1を入れて4分ほどゆでる。ざるに上げ、水けをよくきる。

〈3〉ボウルに2、鶏ガラスープのもと、塩を入れてまぜ、Aを加えてさっとあえる。

一言メモ①　レモンと塩、オリーブオイルさえあれば

サラダやメイン、麺などに、さっとオイルを纏わせ、
レモンをしぼり、塩をふると、瞬く間にさわやかな印象に。
素材のおいしさが、ぐんと引き立つから不思議です。

一言メモ②　たくさん使う、ハーブのこと

ミントやバジル、パセリ、香菜といったハーブの風味は、
味に軽やかさや奥行きを与え、アクセントになるから楽しい。
独特の苦みが魅力のクレソンもハーブとして多用します。

パセリサラダ

【材料（2〜3人分）】

・パセリ…1束
・ミニトマト…6〜8個
・紫玉ねぎ（薄切り）
…1/6個分
・オリーブオイル…小さじ1

ドレッシング
粒マスタード…小さじ1
ホワイトバルサミコ酢
…大さじ1
オリーブオイル
…大さじ2
塩、こしょう…各少々

【作り方】

〈1〉パセリは洗って葉を摘み、水けをきる。ミニトマトは横半分に切る。

〈2〉フライパンにオリーブオイルを熱し、紫玉ねぎを炒める。紫玉ねぎがしんなりしたら火を止め、粗熱を取る。

〈3〉ボウルにドレッシングの材料を入れ、泡立て器で攪拌する。1、2を加えてあえる。

セロリとチキンと梨のサラダ

【代替食材】
セロリ×梨の組み合わせ：かぶ×柿／大根×ドラゴンフルーツ／ヤーコン×りんご

【材料（2人分）】
・セロリ…1本
・鶏ささみ…2本
・梨…1個
ドレッシング
粒マスタード…小さじ1
ぽん酢…大さじ1
レモン果汁…小さじ1
オリーブオイル…大さじ2

【作り方】

〈1〉セロリは茎を斜め薄切りに、葉をみじん切りに。梨はいちょう切りにする。小鍋に湯を沸かしささみを入れたら火を止め、粗熱が取れたらほぐす。

〈2〉ボウルにドレッシングの材料を入れ、泡立て器で攪拌する。1のセロリ、梨、ささみを加えてあえる。

金柑ラペ

【代替食材】
金柑：オレンジ／りんご

【材料（2人分）】
・にんじん（中）…½本
・金柑…4個
A
塩、こしょう…各少々
ホワイトバルサミコ酢…大さじ1
レモン果汁…大さじ1
・オリーブオイル…大さじ2
・ドライカランツ…大さじ½
・ピンクペッパー、ホワイトペッパー…各小さじ1

【作り方】

〈1〉にんじんは千切りにして塩少々（分量外）をふってしばらくおき、水けをしぼる。金柑は皮ごと薄切りにする。

〈2〉ボウルにAを入れ、オリーブオイルを加えながら、泡立て器でまぜ合わせる。

〈3〉2のボウルにドライカランツ、1を加えてまぜ、ペッパーをふる。

ひじきのコールスロー

【代替食材】
紫キャベツ：キャベツ

【材料（2人分）】
・生ひじき…100g
・オリーブオイル…小さじ1
・ドライトマト…6個
・紫キャベツ…1/4個
A
メープルシロップ…小さじ2
マヨネーズ…大さじ1
こしょう…少々
ホワイトバルサミコ酢…小さじ2
・スライスアーモンド…大さじ2

【作り方】

〈1〉ひじきは水で洗い、水けをしぼる。フライパンでからいりし、オリーブオイルをからめる。

〈2〉ドライトマトは水でもどし、水けをしぼって、みじん切りにする。

〈3〉紫キャベツは千切りにし、塩少々（分量外）をふり、水けをよくしぼる。

〈4〉ボウルに1、2、3を入れてまぜ、Aの材料を右から順に加えてあえる。仕上げに、スライスアーモンドを加えてさっくりとまぜる。

ワイン

牛肉コロッケ

【材料（6個分）】
・牛こま切れ肉（細かく切る）…100g
・じゃがいも（中）…3個
・玉ねぎ（みじん切り）…½個分
・塩…小さじ1
・黒こしょう…小さじ½
・生クリーム…大さじ1
・米油（または菜種油）…少々
・にんにく（みじん切り）…1片分
・しょうゆ…大さじ1
・砂糖…小さじ1
・バター…10g
衣［小麦粉、パン粉…各適量
　　とき卵…1個分
・揚げ油…適量

【作り方】
〈1〉じゃがいもは皮ごと、蒸気の上がった蒸し器で40分、中強火で蒸す。熱いうちに皮をむき、ボウルに入れて塩をふり、しっかりとつぶす。黒こしょう、生クリームを加えてまぜる。

〈2〉フライパンに米油、にんにくを熱し、香りが立ったら、牛肉を入れて炒める。肉の色が変わったらしょうゆ、砂糖を加えてまぜ、バター、玉ねぎを加えて炒める。

〈3〉1のボウルに2を加え、さっくりとまぜ、バットに移して冷蔵庫で軽く冷やす。

〈4〉3を6等分して俵形に丸め、小麦粉、とき卵、パン粉の順につける。中温（180℃）の揚げ油で揚げる。

ゴルゴンゾーラのマカロニサラダ

【代替食材】
マカロニ：じゃがいも

【材料（2〜3人分）】
・マカロニ（ショートパスタ）…100g
・ゴルゴンゾーラチーズ…30g
・マヨネーズ…大さじ1
・くるみ（手で粗く割る）…20g
・イタリアンパセリの葉…3本分
・黒こしょう…適量

【作り方】

〈1〉鍋にたっぷりの湯を沸かし、塩（分量外）を加えてマカロニをゆでる。袋の表示より1分長くゆでる。

〈2〉ボウルに1を入れ、マヨネーズを回しかけ、チーズを小さくちぎって加え、指でつぶすようにあえる。

〈3〉くるみ、イタリアンパセリ、黒こしょうを加え、さっくりとまぜる。

きくらげと香菜の卯の花

【代替食材】
きくらげ：白きくらげ／しいたけ／アボカド
香菜：クレソン

【材料(2~3人分)】
・あさり…25個
・かつおと昆布だし…3/4カップ(P04参照)
A 塩…小さじ1/3
　ナンプラー…大さじ1/2
・砂糖…小さじ1
・しょうゆ…少々
・きくらげ(千切り)…20g
・おから…100g
・米油(または菜種油)…大さじ1 1/2
・香菜(みじん切り)…大さじ1
・くるみ(粗めに砕く)…20g

【作り方】

〈1〉鍋にだし、あさりを入れて沸騰したらAで調味する。あさりを取り出して殻から身をはずし、だしは別の容器に移して取りおく。あさりの身は鍋に戻す。

〈2〉1の鍋を火にかけ、鍋底が温まったら、砂糖、しょうゆ、きくらげ、おからの順に入れてまぜる。全体に火が入ったら、米油を加えてよくなじませる。

〈3〉1で取りおいただしを加え、汁けを飛ばしながら炒め煮する。仕上げに香菜、くるみを加え、ざっとまぜる。

里芋サラダ

【代替食材】
ベーコン：鶏そぼろ

【材料(2~3人分)】
・里芋…3個
・ベーコン…2枚
・しょうゆ…小さじ2/3
・塩…小さじ1/3
・まぐろ節(弱火でからいりする)…2g
・黒こしょう…少々

【作り方】

〈1〉里芋はたわしでよく洗い、やわらかくなるまで皮ごとゆでる。

〈2〉ベーコンは2~3㎜幅の細切りにし、フライパンで炒め、しょうゆをからめる。

〈3〉1が熱いうちに皮をむいてボウルに入れ、しっかりとつぶす。塩、2、まぐろ節の半量を入れてまぜる。

〈4〉器に盛り、残りのまぐろ節、黒こしょうをふる。

ほろ苦春野菜としらすのオイル蒸し

【代替食材】
しらす：桜海老（乾燥）

【材料（2人分）】
・プチヴェール、菜の花、スナップえんどう、グリーンピース、アレッタなどの春野菜…合わせて100g
・塩…小さじ1/3
・オリーブオイル…大さじ1
・釜揚げしらす…50g
・黒こしょう…少々

【作り方】

〈1〉野菜はすべて水につけてシャキッとしたら、ざるに上げる。

〈2〉ふたがぴったりと閉まる厚手鍋に1、水1/2カップ（分量外）、塩、オリーブオイルを入れ、ふたをして火にかける。沸騰したら弱火にし、3分加熱する。

〈3〉しらすをのせ、オリーブオイル適量（分量外）を回しかけ、黒こしょうをふる。再度、ふたをして30秒ほど火にかける。

蛤と菜の花のバター蒸し

【代替食材】
蛤：あさり
菜の花：せり／クレソン

【材料（2人分）】
・菜の花…1束（100g）
・蛤…6個
・酒、水…各1/4カップ
・バター…10g

【作り方】

〈1〉菜の花は軸のかたい部分を切り落とす。水につけてシャキッとしたら、ざるに上げる。

〈2〉土鍋（または厚手鍋）に1、蛤をならべ、酒、水を入れ、ふたをして貝の口が開くまで加熱する。

〈3〉2が熱いうちに3〜4等分したバターをところどころにのせる。

ワイン

いわしビネガー

【代替食材】
いわし：秋刀魚／さば

【材料(3人分)】
・いわし…3〜6尾
・オリーブオイル…大さじ3
A
塩…小さじ1
赤唐辛子(種を取り、粗みじん切り)…1本分
にんにく(粗みじん切り)…1片分
・米酢…$\frac{1}{2}$カップ
・ディル…$\frac{1}{3}$パック
・セルフィーユ…$\frac{1}{2}$パック

【作り方】

〈1〉いわしは頭と内臓を取り、水でよく洗ってペーパータオルで水けを拭く。

〈2〉ふた付きのフライパンにオリーブオイルをひき、1をならべ、A、米酢、水$\frac{1}{4}$カップ(分量外)を入れて強火にかける。アクを除いて中火にし、ふたをして汁けがなくなる直前まで火にかける。

〈3〉オリーブオイル(分量外)を回しかけて火を止め、器に盛り、ディルとセルフィーユをふんわりとのせる。

鶏じゃが

【代替食材】
レモングラス：香菜／クレソン

【材料(2～3人分)】
・鶏手羽中…4～6本
A
塩…小さじ1/2
ナンプラー…大さじ1 1/2
紹興酒…大さじ2
砂糖…小さじ1/3
・じゃがいも(小)…4～6個
B
にんにく(つぶす)…1片分
レモン(3等分のくし形切り)…1/2個分
オリーブオイル…大さじ1
・黒こしょう…少々
・レモングラス(小口切り)…少々

【作り方】

〈1〉鶏肉は骨に沿って浅くナイフを入れ、ポリ袋にAと入れてもみ込む。水1/2カップ(分量外)を加え、冷蔵庫で30分以上休ませる。

〈2〉じゃがいもは皮をむいて水にさらし、水けをきる。

〈3〉鍋に**1**をつけ汁ごと、**2**、Bを入れて火にかけ、沸騰したらアクをすくう。ふたをして全体に火がとおるまで加熱し、黒こしょう、レモングラスをふる。

ワイン

【メモ】

――※メモ書きにお使いください――

日本酒

うどとぼたん海老のあえもの

【材料（2人分）】
・うど…5cm
・ぼたん海老（刺身用）…100g
A
すだち果汁…小さじ1
オリーブオイル…大さじ1
塩…小さじ½
・木の芽（軸ごとみじん切り）…小さじ1
・木の芽（飾り用）…適宜

【作り方】

〈1〉うどは皮をむき、5mm角に切って酢水（分量外）にさらし、水けをよくきる。

〈2〉ぼたん海老は尾を取り、包丁で粗めにたたく。

〈3〉ボウルに1、2、A、木の芽のみじん切りを入れ、さっとあえる。器に盛り、木の芽をちらしても。

【代替食材】
うど：セロリ
ぼたん海老：甘えび／いか／ほたての貝柱
すだち：レモン／柚子（季節の柑橘）
木の芽：レモンや柚子の皮のすりおろし

日本酒

うどの山椒きんぴら

【代替食材】
うどの皮：れんこん／ふき／わらび

【材料（2人分）】
・うどの皮…1本分
・米油（または菜種油）…小さじ2
・赤唐辛子…1本
A
かつお節…2g
塩…小さじ1/3
白しょうゆ…小さじ1/2
粉山椒…少々

【作り方】

〈1〉うどの皮は千切りにし、酢水（分量外）にさらしてアク抜きし、ざるに上げ、水けをきる。

〈2〉フライパンに米油、赤唐辛子を熱し、香りが立ったら1を加えて強火で手早く炒り、Aで調味する。

菜の花昆布締め

【代替食材】
菜の花：アスパラガス／白瓜／クレソン／たい（白身魚の刺身）

【材料（2人分）】
・菜の花…1束（100g）
・昆布（30cm長さ）…1枚
・塩…小さじ1/2

【作り方】
〈1〉菜の花は軸のかたい部分を切り落とす。水につけてシャキッとしたら、ざるに上げる。沸騰した湯にとおし、冷水に放ち、水けをしっかりとしぼる。

〈2〉昆布は水にとおし、ポリ袋に入れてしばらく置いてもどす。もどした昆布の上に、昆布の幅に合わせた1をならべて塩をふる。昆布ごと、ぐるぐると巻き、ラップで包む。

〈3〉冷蔵庫に入れて4～6時間ほどで食べ頃に。

ゆり根梅あえ

【代替食材】
ゆり根：ゴーヤ／みょうが

【材料（2人分）】
・ゆり根…1個
・塩、米酢…各少々
A
- 梅干し…1個
- ぽん酢…大さじ1
- オリーブオイル…大さじ1

・まぐろ節（弱火でからいりする）…1g

【作り方】

〈1〉ゆり根は1枚ずつはずして汚れを取り除き、塩、米酢を入れた湯で透きとおるまでゆで、ざるに上げる。

〈2〉ボウルにAを入れてまぜ、1を入れてさっくりとあえ、まぐろ節をふる。

新しょうがべっこう炊き

たこといんげんの梅あえ

万願寺唐辛子牛肉炒め

新しょうがべっこう炊き

【代替食材】

新しょうが：じゃこ／葉唐辛子

【材料（作りやすい分量）】

・新しょうが…1袋（300g）

A
- 酒…1½カップ
- しょうゆ…大さじ1
- 白しょうゆ…大さじ2
- 砂糖…大さじ1½
- みりん…¼カップ

【作り方】

〈1〉新しょうがは洗い、皮をスプーンでこそげ、縦半分に切ってから、ざく切りにする。

〈2〉1は2度ゆでこぼし、そのつど、ゆで汁を捨てる。水に30～40分さらし、水けをしっかりとしぼる。

〈3〉鍋に2、Aを入れ、時々へらでまぜ、汁けを飛ばしながら弱火で炊く。

たこといんげんの梅あえ

【代替食材】

ゆでだこ：鶏ささみ

いんげん：セロリ／キャベツ

【材料（2人分）】

・いんげん…10本

・ゆでだこ…1本（100g）

・梅干し（あれば白干し）…大1個

・オリーブオイル…大さじ1

【作り方】

〈1〉いんげんはゆでてざるに上げ、うちわなどであおいで冷まし、3～4cm長さに切る。たこは薄切りにする。

〈2〉梅干しは種を除いて包丁でたたき、オリーブオイルとボウルに入れ、泡立て器でよくまぜる。1を入れてさっとあえる。

万願寺唐辛子、牛肉炒め

【代替食材】
万願寺唐辛子：**茄子／ピーマン／ししとう／かぐら南蛮**
牛こま切れ肉：**鶏ひき肉**

【材料（2人分）】
・万願寺唐辛子…6本
・牛こま切れ肉…100g
＊和牛がおすすめ
・米油（または菜種油）…大さじ1/2
・砂糖…小さじ1
・しょうゆ…大さじ1
・酒…大さじ2
A
味噌…大さじ1/2
白ねりごま…大さじ1/2
かつおと昆布だし…大さじ1（P04参照）

【作り方】

〈1〉万願寺唐辛子はへた、種を取り、斜めざく切りに。牛肉は1cm幅に切る。

〈2〉鍋に米油を熱して1の牛肉を炒め、肉の色が変わったら、砂糖を加えてひと炒めし、しょうゆ、酒を加えてアルコール分を飛ばす。

〈3〉肉にざっと火がとおったら、1の万願寺唐辛子を加え、汁けがなくなるまで炒める。Aを加え、からめるように炒める。

一言メモ③ ケータリングで人気のレシピ
これ家で作ってみたい！ ヒントになる！ レシピ教えて！ ケータリングや撮影現場で、そんな歓声があがるのは、家呑みやもてなしに取り入れやすい普段使いのメニュー。ケータリングで人気の選りすぐりのレシピを収録しました。

牛切り干し

【材料(2人分)】
・切り干し大根…30g
・牛こま切れ肉(細切り)…100g
・砂糖…小さじ1
・しょうゆ…大さじ1½
・酒…大さじ1
・かつおと昆布だし…1カップ(P04参照)
・白しょうゆ…小さじ1
・おろししょうが…1片分
・七味唐辛子…適宜

【作り方】

〈1〉切り干し大根は水でもどし、水けをしぼって、ざく切りにする。

〈2〉鍋を弱火で熱して牛肉を入れ、肉の色が変わったら、砂糖、しょうゆ、酒の順に入れ、ざっと火がとおったらだしを入れる。沸騰したらアクをすくう。

〈3〉**2**に**1**を加え、白しょうゆ、しょうがを加えて落としぶたをし、汁けがなくなるまで煮詰める。好みで七味唐辛子をふって食べる。

【代替食材】
切り干し大根：かんぴょう

日本酒

筍と鶏の山椒蒸し

【材料（2〜3人分）】

・筍（アク抜きしたもの）…200g
・鶏もも肉…1枚（300g）
A［酒、水…各1/4カップ
　塩…小さじ1/3
　粉山椒…少々
・バター…10g
・木の芽…3g
・木の芽（飾り用）…適宜

【作り方】

〈1〉筍、鶏肉は食べやすい大きさに切る。鶏肉に塩をふり、フライパンで皮目をカリッと焼く。

〈2〉土鍋（またはふた付きの鍋）に**1**とAを入れ、ふたをして鶏肉に火をとおす。仕上げにバター、木の芽をのせたら、素早くふたをして火を止める。

〈3〉器に盛り、木の芽をちらす。花山椒の季節はぜひ花山椒を使って。

筍きんぴら

【材料（2人分）】
・筍（アク抜きしたもの）…150g
・牛こま切れ肉…100g
・砂糖…小さじ1
・しょうゆ…大さじ1
・酒…大さじ1
・粉山椒…少々
・赤唐辛子（種を取り、輪切り）…½本分
・米油（または菜種油）…大さじ1
・木の芽…適量

【作り方】

〈1〉筍は食べやすい大きさに切り、牛肉は1.5cm幅に切る。

〈2〉フライパンを熱して牛肉を炒め、肉の色が変わってきたら、砂糖を加えてひと炒めし、しょうゆ、酒を加えてアルコール分を飛ばす。肉にざっと火がとおったら、筍を入れ、煮汁をからめるように炒める。

〈3〉粉山椒、赤唐辛子、米油を入れてさっとまぜ、火を止めて粗熱を取る。器に盛り、木の芽をちらす。

【代替食材】
筍：ごぼう
牛こま切れ肉：鶏ひき肉

セロリじゃこきんぴら

【材料（2人分）】
・セロリの茎…1本分
・米油（または菜種油）
…大さじ1
・赤唐辛子（種を取る）
…1本分
・ちりめんじゃこ…大さじ2
・塩…小さじ1
・かつお節…3g
・白しょうゆ…小さじ1
・米酢…小さじ1

【作り方】

〈1〉セロリの茎は斜め薄切りにし、水けをよくきる。

〈2〉フライパンを弱火で熱し、米油、赤唐辛子、ちりめんじゃこを入れて炒める。香りが立ったら強火にし、1を入れる。

〈3〉あおるように炒めて油を全体に回し、塩、かつお節、白しょうゆ、米酢の順に入れ、そのつど、あおるように炒める。

【代替食材】
セロリ：ピーマン
ちりめんじゃこ：かつお節／桜海老（乾燥）

レモングラスともち米の焼売

【材料(5~6個分)】
・もち米…1/2合
・豚肩ロースかたまり肉…150g
・玉ねぎ(みじん切り)…1/4個分
・片栗粉…小さじ2
A
塩…小さじ1/2
砂糖…小さじ1/2
しょうが汁…1片分
青唐辛子(細かいみじん切り)…1本分
・レモングラス(根元の部分)…5~6本
*輸入食材店やネットで購入可

【作り方】

〈1〉もち米は洗ってざるに上げ、30分以上おき、水けをしっかりときる。

〈2〉豚肉は包丁でたたいて粗めのひき肉にする。玉ねぎは片栗粉をまぶす。

〈3〉ボウルに**2**とAを入れ、手でよく練ってたねを作り、ピンポン玉大にまとめる。レモングラスの根元に包丁で切り込みを入れ、広げてからたねを詰め、**1**を全体にまぶす。

〈4〉蒸気の上がったせいろ(または蒸し器)の底に葉野菜かペーパータオルをしき、**3**をならべ、ふたをして中強火で15分ほど蒸す。

【代替食材】
豚肉：鶏ひき肉

うど、筍と梅の焼売

【材料（6個分）】
・うど…5cm
・筍…根元のかたい部分（アク抜きしたもの）…50g
・片栗粉…大さじ1
・鶏ももひき肉…200g
・塩…小さじ½
A［砂糖…小さじ⅓
しょうが汁…1片分
しょうゆ…大さじ½］
・フリーズドライ梅、またはカリカリ梅（みじん切り）…小さじ1
・焼売の皮…6枚

【作り方】

〈1〉筍は皮をむき、粗みじん切りにする。うどは皮をむき、酢水（分量外）にさらしてアク抜きしたあとみじん切りし、水けをよくきり、片栗粉をからめる。

〈2〉ボウルにひき肉、水大さじ1（分量外）、塩半量を入れて手で軽く練る。Aと残りの塩を加えてさらに練り、1の筍、うどと梅を加えて菜箸でさっくりとまぜる。6等分して皮に包む。

〈3〉蒸気の上がったせいろ（または蒸し器）の底に葉野菜かペーパータオルをしき、2をならべ、ふたをして中強火で10分ほど蒸す。

【代替食材】
うどと筍：れんこん

クレソン八幡巻き

【材料(1本分)】
・鶏もも肉…1枚(300g)
・クレソン…½束(25g)
・塩…少々
・白いりごま…大さじ1
A［しょうゆ、みりん、酒…各大さじ1

【作り方】

〈1〉鶏肉は余分な脂肪や筋を除き、めん棒で均一な厚さにたたき、全体に塩をふる。

〈2〉クレソンはかたい部分を切り落とす。クレソンを芯にして1をしっかりと巻く。表面にごまをふり、ラップでぴっちりと包む。

〈3〉炊飯器の内釜に2を入れ、かぶるくらいの熱湯、½カップの水(分量外)を入れる。そのまま70分保温し、取り出して粗熱を取る。

〈4〉フライパンにAを煮立たせ、ラップをはずした3を入れて煮からめる。好みの厚さにスライスする。

【代替食材】
クレソン：香菜

日本酒

かつお、フェンネルマリネ

【材料(3~4人分)】

・かつお(刺身用)…1さく
・フェンネル…1株(葉1株分、茎1/2株分)
・粗塩…小さじ1
A
にんにく(薄切り)…1片分
レモン果汁…1個分
オリーブオイル…大さじ3
・塩…少々
・オリーブオイル…適量
・青唐辛子(種を取り、みじん切り)…1本分

【作り方】

〈1〉かつおは1.5cmの厚さに切る。フェンネルの葉はみじん切りに、茎の部分は薄切りにする。

〈2〉バットに粗塩の半量をふり、かつおをならべ、残りの粗塩、Aを右から順にふり、5分ほどマリネする。

〈3〉皿にフェンネルの茎をしき、塩、オリーブオイルをふって**2**をのせ、青唐辛子とフェンネルの葉をちらす。

【代替食材】

かつお:いわし/あじ/いさき(刺身用)
フェンネル:ディル/穂紫蘇/紅蓼

日本酒

【メモ】

――※メモ書きにお使いください――

ウイスキー

セロリ、たこ、ゴーヤ、グレープフルーツマリネ

【代替食材】
セロリ：フェンネルの茎
ゆでだこ：いか
ゴーヤ：かぶ

【材料(2人分)】
・ゆでだこ…1本(100g)
・グレープフルーツ…1/2個
・ゴーヤ…1/4本
・セロリの茎…1/2本
A
グレープフルーツ果汁…大さじ1/2
ホワイトバルサミコ酢…大さじ1/2
塩…小さじ1
ホワイトペッパー…少々
オリーブオイル…大さじ3
・ピンクペッパー…小さじ1

【作り方】

〈1〉たこは薄切りに。グレープフルーツは皮をむき、果肉を取り出す。ゴーヤは縦半分に切ってワタを取り、薄切りに。セロリは斜め薄切りにする。

〈2〉ボウルにオリーブオイル以外のAを入れ、オリーブオイルを少量たらしながら、泡立て器で攪拌する。

〈3〉2のボウルに1を全て加え、さっくりとあえてピンクペッパーをふる。

菜の花オイルプレス

【代替食材】
菜の花：ブロッコリー／カリフラワー／芽キャベツ

【材料（2人分）】
・菜の花…½束（50g）
・オリーブオイル…適量
・粗塩…小さじ⅓

【作り方】

〈1〉菜の花は軸のかたい部分を切り落とす。水につけてシャキッとしたら、ざるに上げる。

〈2〉フライパンを弱火で熱し、1をならべる。フライ返しで押し付けながら、両面じっくりと焼き付ける。

〈3〉菜の花の水分が飛んだら、オリーブオイルを回しかけて塩をふる。

ひじきサーディン

【代替食材】
生ひじき：れんこん／切り干し大根

【材料（2〜3人分）】
・生ひじき…100g
・ドライトマト…5個
・オリーブオイル…大さじ1
・にんにく（つぶす）…1片分
・赤唐辛子（種を取る）
…1本分
・ミックスビーンズ
…1袋（80g）
・オイルサーディン…½缶
・塩…小さじ1
・ホワイトバルサミコ酢
…大さじ1

【作り方】

〈1〉ひじきは洗い、水けをしっかりとしぼる。

〈2〉ドライトマトは水でもどし、水けをしぼってみじん切りにする。

〈3〉フライパンにオリーブオイル、にんにく、赤唐辛子を入れて弱火で熱し、香りが立ったら、**2**、ミックスビーンズ、サーディンはオイルごとくずし入れて炒める。**1**を加えて軽く炒め、塩、ホワイトバルサミコ酢で調味する。

焼ききのこのマスタードマリネ

【代替食材】
きのこ：しめじ／エリンギ／えのき／マッシュルーム

【材料（2人分）】
・まいたけ…1株
・しいたけ…2個
A
粒マスタード…小さじ1
バルサミコ酢…大さじ1/2
しょうゆ…大さじ1/2
オリーブオイル…大さじ2
・イタリアンパセリ…2枝

【作り方】

〈1〉まいたけは小房に分ける。しいたけは石づきを除き、手で半分にちぎる。

〈2〉ボウルにAを入れ、泡立て器でまぜる。

〈3〉1は網（またはグリル、オーブン）に入れてこんがりと焼き、熱いうちに2のボウルに入れてからめ、イタリアンパセリをちらす。

ウイスキー

かぼちゃサワークリームサラダ

【代替食材】
かぼちゃ：さつまいも／ビーツ

【材料（2〜3人分）】

・かぼちゃ…200g
・ベーコン…2枚

A
メープルシロップ…小さじ2
サワークリーム…大さじ1
マヨネーズ…大さじ1
粒マスタード…大さじ½
レモン果汁…小さじ1

B
スライスアーモンド…大さじ1
パセリ（みじん切り）…大さじ1
サワークリーム…大さじ2

【作り方】

〈1〉かぼちゃは皮と種を除き、4等分に切る。耐熱の器に入れ、ラップをかけて電子レンジで4分半加熱し、しっかりとつぶす。

〈2〉フライパンに細切りにしたベーコンを入れて火にかけ、カリッとするまで炒める。

〈3〉ボウルに1、Aを入れてまぜ合わせ、2、Bを加えてさっくりとまぜる。

豆ミント

【代替食材】
グリーンピース：茄子／とうもろこし

【材料（2人分）】
・グリーンピース…正味150g
＊さやつきで約300g
・塩…小さじ½
・オリーブオイル…大さじ1
・スペアミント…1パック
・黒こしょう…適宜

【作り方】

〈1〉グリーンピースはさやから出す。

〈2〉ふた付きの小鍋に1、水½カップ（分量外）、塩、オリーブオイルを入れて火にかけ、沸騰してから3分ほど火をとおす。

〈3〉器に盛り、スペアミントをたっぷりとのせ、好みで黒こしょうをふる。

茄子のスパイスフライ

ざくろと紅芋サラダ

茄子のスパイスフライ

【代替食材】
茄子：アスパラガス／ごぼう／ズッキーニ／ゆでたまご

【材料（2人分）】
・茄子…2本
・小麦粉…大さじ1
・パン粉（細かく砕く）…適量
・赤唐辛子…5本
・にんにく（皮ごと）…2片
・揚げ油…適量
・塩…小さじ1
・花椒パウダー…小さじ½

【作り方】

〈1〉茄子は皮をむき、大きめの乱切りにする。塩少々（分量外）をふって軽くもみ、ペーパータオルで水けをふく。

〈2〉小麦粉に水大さじ2（分量外）を合わせ、1をさっとくぐらせ、パン粉を薄くまぶす。

〈3〉赤唐辛子、にんにくを入れて中温（180℃）に熱した揚げ油に2を入れ、からりと揚げて塩、花椒パウダーをふる。

ざくろと紅芋のサラダ

【代替食材】
紅芋：栗

【材料（2人分）】
・紅芋（または紫芋）…1本
・ざくろ…½個
・粗塩…少々

ドレッシング
チリパウダー…少々
レモン果汁…½個分
オリーブオイル…大さじ2
おろしにんにく…少々

【作り方】

〈1〉紅芋は皮をむき、1㎝角に切り、よく洗って水にさらし、ざるに上げる。鍋に湯を沸かしてやわらかくなるまでゆで、粗熱を取る。ざくろは果粒を取り出す。

〈2〉ボウルにドレッシングの材料を入れ、泡立て器で攪拌する。

〈3〉別のボウルに1、2を入れてあえ、粗塩をふり、さっくりとまぜる。

切り干しザーサイ

【代替食材】

切り干し大根：高野豆腐の千切り

【材料（2人分）】

・切り干し大根…30g
・ザーサイ…25g
・米油（または菜種油）…大さじ1
・にんにく（つぶす）…1片分
・赤唐辛子（種を取る）…1本分
・鶏ひき肉…100g
・塩…小さじ⅔
・砂糖…小さじ½
・紹興酒…大さじ2
・白しょうゆ…大さじ1
・米酢…大さじ½
・花椒パウダー…少々

【作り方】

〈1〉切り干し大根は水でもどし、水けをしぼってざく切りに。ザーサイは細切りにする。

〈2〉フライパンに米油、にんにく、赤唐辛子を入れて弱火にかける。香りが立ったら、ひき肉、塩、砂糖を入れ、ほぐしながら炒めて火をとおす。紹興酒、1を加えて炒める。

〈3〉白しょうゆ、米酢で味をととのえ、仕上げに花椒パウダーをふる。

じゃが酢

【代替食材】
じゃがいも：きゅうり／わかめ／おかひじき

【材料（2人分）】
・じゃがいも（大）…1個
・かつお節…5g
A
塩…少々
米酢…1/4カップ
水…1/4カップ
白しょうゆ…小さじ1
みりん…大さじ1 1/2
昆布（3cm角）…1枚
・白いりごま…大さじ1

【作り方】

〈1〉小鍋にAを入れて火にかける。沸騰したら火を止め、かつお節を入れて沈んだらこす。

〈2〉じゃがいもは皮をむいて千切りにする。水でよく洗い、ざるに上げる。

〈3〉鍋に湯を沸かし、じゃがいもを30秒ほどゆでてざるに上げ、水けをよくきる。熱いうちに1とあえ、ごまをふり、さっとまぜる。

〈4〉粗熱を取り、冷蔵庫で冷やしてから食べる。

ごぼう明太子

【代替食材】
明太子：からすみ

【材料（2人分）】
・ごぼう…2本
A しょうゆ…大さじ1
　酒…大さじ1
　しょうが汁…1片分
・強力粉…大さじ1
・揚げ油…適量
・明太子…1本
・白いりごま…適量

【作り方】

〈1〉ごぼうはすりこ木などでたたき、5㎝ほどの粗めの棒状にする。

〈2〉1にAをからめて下味をつけ、強力粉を薄くはたく。

〈3〉中温（180℃）に熱した揚げ油に2を入れ、カリッと揚げる。ほぐした明太子をからめ、ごまをふる。

とうもろこしガレット

【代替食材】
ソース：サルサソース（市販品）

【材料（8個分）】
・蒸しひよこ豆…1カップ
・とうもろこし（実）…1/2カップ
・枝豆（実）…1/4カップ
A
香菜（みじん切り）…1/6カップ
カイエンスペッパー…少々
ガーリックパウダー…小さじ1
コリアンダーパウダー…小さじ1
クミンパウダー…小さじ1/3
塩…小さじ1/2
・オリーブオイル…大さじ1
・パプリカパウダー…適宜
ソース
プレーンヨーグルト…大さじ1
レモン果汁…大さじ1/2
白ねりごま…大さじ1
塩…小さじ1/2

【作り方】

〈1〉とうもろこしはゆで、実を包丁でそぎ落とす。枝豆はゆで、さやから出す。

〈2〉ひよこ豆はフードプロセッサーでざっと攪拌し、枝豆、とうもろこしの順に入れ、そのつど攪拌して粒が残るペースト状にする。

〈3〉2にAを加えてまぜ、冷蔵庫で1時間休ませ、直径4cm大に平たく丸める。

〈4〉フライパンにオリーブオイルを熱し、3をならべ、フライ返しで押し付けながらカリッとするまで弱火で両面焼く。ソースをまぜて、つけながら食べる。好みでパプリカパウダーをふる。

マッシュルームリエット

【代替食材】

マッシュルーム…しいたけ／まいたけ／ツナ缶

【材料（作りやすい分量）】
・マッシュルーム…2パック（300g）
・玉ねぎ（みじん切り）…¼個分
・くるみ…20g
・バター…10g
A
生クリーム…大さじ1
バルサミコ酢…大さじ½
塩…小さじ1
・パセリ（みじん切り）…大さじ1
・ベリー系のパン…適宜

【作り方】

〈1〉マッシュルームは汚れがあればふき、軸ごとざく切りにする。

〈2〉小鍋にバター、玉ねぎを熱し、火がとおったら、1、くるみを入れ、しんなりとするまで炒める。Aを加えて軽く火をとおしたら、火から下ろして粗熱を取る。

〈3〉2をフードプロセッサーに入れて攪拌し、ペースト状にする。鍋に戻して火にかけ、水分を飛ばしたら火から下ろす。粗熱を取り、仕上げにパセリを加えてまぜ合わせる。ベリー系のパンにのせても。

かきとほうれん草のゴルゴンゾーラ

【代替食材】
かき：鶏肉（もも、むね）
ほうれん草：春菊

【材料（2人分）】
・かき…6個
・ほうれん草…½束（80g）
・しいたけ（小）…2枚
・オリーブオイル…適量
・小麦粉…大さじ3
・生クリーム…½カップ
・塩、こしょう…各少々
・ゴルゴンゾーラチーズ
…50g
・黒こしょう…少々

【作り方】
〈1〉かきは塩水で洗い、水けをきる。ほうれん草は4cm長さに切る。しいたけは軸を取り、半分に切る。

〈2〉フライパンにオリーブオイルを熱し、**1**のほうれん草、しいたけを軽く炒め、塩をふり、耐熱皿に盛る。

〈3〉かきに小麦粉を茶こしでふり、空いたフライパンに入れて両面をソテーして塩をふり、**2**にのせる。

〈4〉フライパンにチーズの半量、生クリームを入れて弱火で溶かす。塩、こしょうで調味し、**3**の上にかける。残りのチーズをちらし、200℃のオーブンで15分焼き、黒こしょうをふる。

ムール貝とじゃがいものタジン

【代替食材】
ムール貝：あさり

【材料（2人分）】
・ムール貝…6〜8個
・じゃがいも（大）…1個
・塩…少々
・酒…大さじ2
・レモンの皮のすりおろし…適量

【作り方】
〈1〉ムール貝は足糸（糸状の部分）を除き、殻をこすり合わせてよく洗う。

〈2〉じゃがいもは皮をむき、7㎜厚さに切る。水にさらし、水けをよくきる。

〈3〉ふた付きの厚手鍋に、**2**を入れ、上に**1**をならべ、塩、酒をふる。ふたをして貝の口が開くまで弱火にかける。食べる直前にレモンの皮のすりおろしをちらす。

【メモ】

——※メモ書きにお使いください——

締め・次の日に

あじそぼろおむすび

【代替食材】
あじ：甘えび／たい（刺身用）

【材料（2個分）】
・あじ（刺身用）…1尾分
・酒…大さじ2
・塩…小さじ1
・しょうが汁…½片分
・新茶葉…小さじ1
・ごはん…茶碗2杯分
・のり…2枚

【作り方】

〈1〉あじの刺身はみじん切りにする。

〈2〉小鍋に酒を入れて温め、塩、しょうが汁、1を入れる。へらでそぼろ状にくずし、汁けを飛ばしながら炒める。

〈3〉すり鉢などに茶葉を入れ、すりこ木で細かくする。

〈4〉温かいごはん、2、3をまぜ合わせ、おにぎりをにぎり、のりを巻く。塩けが足りなければ、手に塩（分量外）をつけてにぎる。

筍ごはん

【材料(2〜3人分)】
・筍(アク抜きしたもの)…150g
・米…2合
A
かつおと昆布だし…360mℓ(P04参照)
白しょうゆ…大さじ1
梅干し(あれば白干し、種ごと使う)…大1個

【作り方】
〈1〉筍は千切りにする。米は洗ってざるに上げ、15分以上おき、水けをきる。
〈2〉炊飯器の内釜に1の米、Aを入れて軽くまぜ、1の筍をのせて普通に炊く。
〈3〉ごはんが炊き上がったら、梅干しの種を取ってしゃもじでまぜる。

【代替食材】
筍：枝豆/むかご/生落花生

緑のとろとろごはん

【材料（2人分）】
・オクラ…10本
A
かつおと昆布だし…1/2カップ（P04参照）
塩…小さじ1/2
白しょうゆ…小さじ1
しょうゆ…少々
・ごはん…茶碗1杯分
B
ちりめんじゃこ…大さじ1/2
新しょうがの漬物…大さじ1/2
白いりごま…小さじ1
・花穂紫蘇…適宜

【作り方】

〈1〉ボウルにAを入れてまぜ、冷蔵庫で冷やしておく。

〈2〉オクラはゆで、へたを取ってざく切りにし、ボウルに入れる。1を少量ずつ加えながら、ブレンダーでなめらかな状態になるまで撹拌する。

〈3〉ごはんにBをまぜて茶碗に盛り、2をかける。あれば花穂紫蘇をあしらう。


【代替食材】

オクラ…わらび／モロヘイヤ

鶏と実山椒のおこわ

【代替食材】
実山椒：梅干し

【材料（2人分）】
・もち米…2合
・鶏もも肉…1枚（300g）
・かつおと昆布だし…300mℓ（P04参照）
A
実山椒…大さじ1/2
塩…小さじ1 1/2
白しょうゆ…大さじ1 1/2
しょうゆ…大さじ1
・米油（または菜種油）…小さじ1

【作り方】

〈1〉もち米は洗ってざるに上げ、15分以上おき、水けをきる。

〈2〉鶏肉は余分な脂肪や筋を除き、小さく切る。

〈3〉小鍋にだし、2を入れて火にかけ、Aを加えて沸騰したら火を止める。

〈4〉フライパンに米油を熱して1を入れ、3を少しずつ加えてまぜながら炒める。清潔なぬれぶきんをしき、炒めたもち米を広げる。蒸気の上がったせいろに入れ、ふたをして中強火で30分ほど蒸す。

クローブ香るキーマカレー

【材料（2〜3人分）】
・牛肩ロースかたまり肉…300g
・米油（または菜種油）…大さじ2
・にんにく、しょうが（みじん切り）…各1片分
・玉ねぎ（みじん切り）…1個分
・セロリ（みじん切り）…1本分
・トマトジュース…1カップ

スパイス
クローブホール…20粒、クローブパウダー…大さじ1/2、カレー粉…大さじ1 1/2、コリアンダーパウダー…大さじ1、赤唐辛子…2本

・塩…小さじ2
・バター…10g

ターメリックライス
米…2合、水…360mℓ、ターメリックパウダー…小さじ1/2、米油…小さじ1

【作り方】

〈1〉牛肉は包丁かフードプロセッサーでミンチにする。

〈2〉深めのフライパンか鍋に米油とクローブホール、赤唐辛子を入れ、ごく弱火にかける。ぱちぱちと音がしたら弱火にし、にんにく、しょうがを入れて油に香りを移す。玉ねぎを入れ、透きとおるまで炒める。

〈3〉セロリ、トマトジュース半量を加えて煮て、残りのスパイスを加えてなじませる。1、残りのトマトジュースを入れて肉をほぐしながら炒める。塩で味をととのえ、バターを溶かす。

〈4〉ターメリックライスを炊飯器で炊き、3をかける。

【代替食材】
牛肉：合いびき肉／牛ひき肉

きくらげとしょうが、鶏そぼろの炊き込み

【材料(2〜3人分)】
・米…2合
・きくらげ(乾燥)…10g
・かつおと昆布だし…330mℓ(P04参照)
A
塩…小さじ1
白しょうゆ、酒…各大さじ1
鶏そぼろ
ごま油…大さじ1/2
鶏ひき肉…100g
砂糖…小さじ1
しょうゆ…大さじ1
しょうが(みじん切り)…1片分
白いりごま…大さじ1
・白いりごま(仕上げ用)…適量

【作り方】

〈1〉米は洗ってざるに上げ、15分以上おき、水けをきる。きくらげは水でもどし、水けをしぼって千切りにする。

〈2〉炊飯器の内釜に1の米、だし、Aを入れて軽くまぜ、きくらげをのせて普通に炊く。

〈3〉小鍋にごま油、ひき肉を入れ、肉の色が変わったら砂糖を入れ、水分が出てきたらしょうゆ、しょうがを加え、汁けを飛ばしながら煮て、ごまをまぜる。

〈4〉炊き上がった2のごはんに3をまぜ、ごまをふる。

【代替食材】
きくらげ：まいたけ／むかご
鶏そぼろ：牛しぐれ煮／ちりめんじゃこ

塩焼きそば

【材料（1人分）】
- 豚薄切り肉…50g
- キャベツ…1/8個
- ザーサイ…40g
- 米油（または菜種油）…大さじ1
- 焼きそば麺…1玉
- 塩…小さじ1/2
- 紹興酒…大さじ1
- ナンプラー…大さじ1/2
- 黒こしょう…少々

【作り方】

〈1〉豚肉は細切りに。キャベツ、ザーサイは千切りにする。

〈2〉フライパンに米油を熱し、麺をほぐしながら表面がカリッとするまで炒めて取り出す。キャベツもさっと炒めて取り出す。

〈3〉空いたフライパンで豚肉を炒め、塩をふり、肉の色が変わったら、ザーサイ、紹興酒を加え、ざっと炒める。**2**を戻し入れて炒め合わせ、ナンプラー、黒こしょうで調味する。

【代替食材】

豚薄切り肉：ちりめんじゃこ／鶏ひき肉
キャベツ：ピーマン／万願寺唐辛子
ザーサイ：高菜漬け
焼きそば麺：ビーフン

ピリ辛トマトそうめん

【材料(2人分)】

・ミニトマト…10個

A
- 塩…小さじ2
- 白しょうゆ…小さじ2
- しょうゆ…小さじ1/2
- ラー油…適量

・そうめん…2束

・かつおと昆布だし…300ml(P04参照)

・おろししょうが…1/2片分

・みょうが(小口切り)…1個分

・香菜(ざく切り)…適量

【作り方】

〈1〉ミニトマトは縦半分に切る。ボウルにミニトマトとAを入れて冷蔵庫で30分ほどマリネする。

〈2〉そうめんは袋の表示どおりにゆで、流水で洗い、水けをよくきる。

〈3〉**1**のボウルにだし、しょうが、**2**を入れてあえる。器に盛り、みょうがと香菜をのせて食べる。

【代替食材】

そうめん：冷麺／カッペリーニ
ミニトマト：梨／すいか／トマト
香菜、みょうが：青じそ／ミント

白魚と豆腐のぞうすい

【代替食材】
白魚：たい／さわら／すずき（白身魚の刺身）

【材料（1人分）】
- ごはん…茶碗1杯分
- 絹ごし豆腐…1/3丁
- かつおと昆布だし…300㎖（P04参照）
- 酒…大さじ1
- 塩…小さじ1/2
- 白しょうゆ…小さじ1
- 白魚…50g
- 卵…1個
- 木の芽、粉山椒…各適宜

【作り方】

〈1〉ごはんは流水で洗い、水けをよくきる。豆腐はさいの目切りにする。

〈2〉小鍋にだしを温め、酒を入れ、塩、白しょうゆで味をととのえる。

〈3〉1、白魚を加えて温め、卵をとき入れ、ひとまぜする。あれば木の芽や粉山椒をふっても。

いかとすだちの冷製

【材料（2人分）】
・いかの刺身…1ぱい分
A
かつおと昆布だし…500㎖（P04参照）
塩…小さじ1
白しょうゆ…大さじ1
しょうゆ…小さじ1
しょうが汁…1片分
・すだち（薄切り）…4個分

【作り方】
〈1〉ボウルにAを入れてまぜ、冷蔵庫で冷やしておく。
〈2〉器にいかの刺身を盛り、1を注ぎ、すだちを浮かべる。

【代替食材】
すだち：かぼす／へべす（季節の柑橘）
いか：そうめん／そば／稲庭うどん

さつまいも、トマト、ココナッツのスープ

【材料（2人分）】

・さつまいも…1本
・にんじん…1/2本
・ココナッツオイル
…大さじ1
・玉ねぎ（薄切り）…1/2個分
A
カイエンヌペッパー
…少々
ターメリックパウダー
…小さじ1/2
コリアンダーパウダー、
パプリカパウダー
…各小さじ1
・ホールトマト
…1缶（400g）
・ココナッツミルク
…1缶（400g）
・塩…小さじ1
・パセリ（みじん切り）…適宜

【作り方】

〈1〉さつまいも、にんじんは皮をむき、乱切りにする。

〈2〉鍋にココナッツオイルを熱し、玉ねぎを炒める。火がとおったらAを入れて炒め、なじんだら1を入れる。

〈3〉ホールトマトを手でつぶしながら加え、野菜がやわらかくなるまで煮る。火から下ろし、粗熱を取る。

〈4〉ブレンダーでペースト状にしてから再び火にかけ、ココナッツミルクでのばしながら温め、塩で味をととのえる。好みでパセリをふって食べる。

【代替食材】

さつまいも：かぼちゃ
ココナッツミルク：豆乳／牛乳／アーモンドミルク

新ごぼうと梅干しのスープ

【代替食材】
梅干し：トマト

【材料（2人分）】
・昆布（10㎝角）…1枚
・梅干し…2個
・まぐろ節…10g
・新ごぼう…1本
A［塩…小さじ1/2
　白しょうゆ…大さじ1
　しょうゆ…小さじ1］
・乾燥岩のり…適宜

【作り方】

〈1〉鍋に水1ℓ（分量外）、昆布、梅干しを入れて弱火にかける。沸騰直前に昆布と梅干し（取りおく）を取り出す。まぐろ節を加え、5分ほど煮出し、ペーパータオルをしいたざるでこして粗熱を取る。

〈2〉ごぼうは斜め薄切りにしてから千切りにし、水にさらして、水けをきる。

〈3〉鍋に1、取りおいた梅干し、2を入れて火にかける。沸騰したらAを加えて火を止める。粗熱を取り、冷蔵庫で冷やし、好みで岩のりを浮かべて食べる。

【おわりに】

この本を手に取ってくださり、ありがとうございます！

「お酒が欲しくなる料理だね」。ケータリングなどの仕事現場で、よく言われる一言です。

この本を「作りましょう、たまいさん！」と、声をかけてくださったのも、そんなクライアントさんのうちのひとりでした。

さて、家呑みだ。となると、手順の多いものは面倒。油っぽすぎるものや、味の濃すぎるものは、なんだか疲れちゃうしなぁ……。

そうすると、個人的に好きな、野菜多めで、ゆっくり、ずっと食べていられる料理を中心に作ってしまいます。

最近では、締めの炭水化物までたどり着けなくなってしまったので、リセットメニュー的なレシピも考案してみました。

また、この本のレシピでクレソンやミントを多用している理由は、幼少の頃からの、偏食、アレルギーゆえに、組み合わせの実験をくり返してきた、今のところの経過だからです。新しい、おいしい組み合わせをみつけたら、どんどん変化していくだろうと思っています。みなさんも、私とは違う視点で、いろいろと作ってみてください。

そして、各章にメモページを設けました！ 料理を作りながら、たくさんメモや書き込みをしていってください！

みなさんなりの発見が追加された本に育てていただけたら、こんなにうれしいことはありません！ いつか見せてもらう機会に恵まれたら、泣いちゃうかもしれません！

近い将来、そんな日が来ることを夢見て、また今日もがんばります。

料理家 濱守球維

撮　影：加藤亜希子(husband.)
スタイリング／文：花沢理恵
デザイン：長嶋りかこ、
浦田貴子(village®)
編　集：黒川美聡(幻冬舎)
スペシャルサンクス：半澤 健、
小泉 創、近藤奈津子、
水谷 彩、井出祐理子、
中村明美
撮影協力：プレイマウンテン
〇三(五七七五)六七四七
ストウブ(ツヴィリング J.A. ヘンケルス ジャパン)
〇一二〇(七五)七一五五
ルイジ・ボルミオリ日本事業部(デニオ総合研究所)
〇三(六四五〇)五七一一

濱守球維

一九七二年、北海道生まれ。料理家。レコード会社でアーティストのマネージャー、制作宣伝を務めたのち、趣味だった料理を学ぶ。渋谷のんべい横丁にあった小料理屋の雇われ店主を七年間務め、料理の腕を磨く。現在は、料理家として、雑誌や広告の撮影現場のケータリングを中心に、雑誌などのメディアでも活躍の場を広げる。不定期で行う料理教室には予約が殺到。たまちゃんの愛称で慕われている。

Instagram@tamaihamamori

おつまみ便利帖

二〇一九年一月二五日　第一刷発行

著　者　濱守球維
発行者　見城 徹
発行所　株式会社 幻冬舎
〒一五一-〇〇五一東京都渋谷区千駄ヶ谷四-九-七
電話 〇三(五四一一)六二一一(編集)
〇三(五四一一)六二二二(営業)
振替 〇〇一二〇-八-七六七六四三
印刷・製本所　錦明印刷株式会社

ISBN978-4-344-03417-4 C0077
幻冬舎ホームページアドレス
http://www.gentosha.co.jp/

この本に関するご意見・ご感想をメールでお寄せいただく場合は、comment@gentosha.co.jpまで。